Ot
18

LETTRES

EN FORME DE BREF,

DE N. S. P. LE PAPE

BENOIST XIV,

Par lesquelles, de son propre mouvement, il établit & constitue l'Eminentissime et Reverendissime François de Saldanha, Cardinal Diacre de la Sainte Eglise Romaine, Visiteur & Réformateur des Clercs Réguliers de la Compagnie de Jesus, dans les Royaumes de Portugal & des Algarves, & dans tous les Pays des Indes Orientales & Occidentales, soumis à la domination du Roi très-Fidele.

À LISBONNE M. DCC. LVIII.

De l'Imprimerie de Michel Rodriques, Imprimeur de Son Eminence M. le Cardinal Patriarche.

VERTISSEMENT.

ntérêt particulier que le Public a paru
dre aux découvertes que les Cours
adrid & de Lisbonne ont fait fur la
uite des Jéfuites dans les Domaines
tre-mer de ces deux Puiffances, nous
ge à lui donner toutes les Pieces qui
ent l'inftruire des fuites de cette affai-
Bientôt nous en donnerons plufieurs
ne laifferont aucun doute (s'il pouvoit
avoir) fur la vérité des faits contenus
la *Relation abrégée concernant la Ré-*
ique des *Jéfuites* dans le Paraguay, qui
pprendront d'autres auffi graves, &
létruiront fans reffource les vaines al-
tions de ces Peres. En attendant, nous
s hâtons de publier le Bref que le
d Pontife dont nous pleurons la per-
avoit donné pour une prompte réfor-
des Jéfuites qui font dans les Royau-
& Domaines du Roi Très-Fidéle. Il
tre évidemment que ce Pape fi fage &
lairé, après avoir examiné les preuves
art & d'autre, étoit demeuré con-
cu que les diverfes accufations for-
s contre ces Religieux n'étoient que
fondées.

Le Cardinal Saldanha que Benoît XI
avoit choifi pour travailler à cette réfor
me, a commencé d'exécuter férieufemen
une commiffion fi importante : Voici c
qu'on nous en marque de Lisbonne.

*EXTRAIT d'une Lettre de Lisbonn
du 13 Juin 1758.*

» Le Cardinal Saldanha, Réformateu
» Général des Jéfuites, par une Bulle du
» Pape, a donné un Mandement par le
» quel il les oblige à délivrer tous leur
» Livres, effets, marchandifes & argen
» qu'ils ont acquis contre les Canons d
» l'Eglife, les Bulles des Papes & les De
» crets des Conciles. Son Eminence cit
« tous les paffages qui les condamnent, &
» le fouet de J. C. contre les marchands d
» Temple n'eft pas oublié. On dit dans l
» Public qu'ils refufent de le faire, & il
» donnent en conféquence des raifons qu'
» femble qu'on ne veut pas recevoir, fur
» tout, que le commerce qu'ils faifoient pro
» venoit des retours de *Breves d'Amarca* (1)
» *Veroncias* (2), *Santos* (3), & que les Gen
» tils ou Néophites à qui ils les donnoient

(1) Petites Sentences benies du Pape enfermées dans
l'étoffe en forme de pelote.
(2) Medailles de cuivre repréfentant quelque Saint.
(3) Images de vélin, & autres en reüef,

ir donnoient par reconnoiſſance du ca-
o, ſucre, caffé, toiles des Indes, &c.
ne le Roi étoit maître de leur défendre
continuation de ce négoce ; mais non
s de s'emparer de ce qu'ils avoient pour
ir ſubſiſtance. Le Cardinal Patriarche a
nné auſſi ſon Mandement pour leur dé-
ndre la Prédication & la Confeſſion, &
crit une lettre circulaire à tous les Evê-
nes & Archevêques du Royaume pour
a faire de même. On dit qu'il y en a qui
nt refuſé de le faire. Les ſuites de toutes
s affaires ſont à craindre ; les Jéſuites
nt tête baiſſée, on les répute excom-
uniés. C'eſt un parti judicieux que la
our a pris pour abattre leur ambition ;
le devenoit tous les jours plus grande :
n pourroit penſer que la République Jé-
itique aſpiroit à la Monarchie univer-
le par un autre chemin que les Ro-
ains. Il a fallu un courage tel que celui
a Miniſtre pour entreprendre de faire
houer leurs vûes ; & tout ce qui n'eſt
s Jéſuite eſt très-content.

On a envoyé au Bréſil, Angla, Paras,
c. nombre de Miniſtres pour ſe ſaiſir de
ut ce qui appartient aux Jéſuites.

Hier, on a ordonné aux Jéſuites de
rmer leur boutique d'Apotiquairerie,
de ne pas vendre des remédes.

*COPIE d'une autre Lettre de Lisbonne,
du 12 Juin 1758.*

» Le Manifeste contre les Jésuites a été
» rendu public. La guerre est ouverte, &
» commence avec la Bulle de Benoît XIV;
» elle est venue adressée à notre Cardinal
» Portugais, Dom François Gama de Sal-
» danha, Diacre Cardinal de la derniere
» création de Sa Sainteté, &c.

» Ce Prélat usant de ses pouvoirs de ré-
» formateur des Jésuites Portugais, a visité
» les Maisons de la Compagnie de cette Ca-
» pitale, commençant par S. Roch, Maison
» Professe ; il a visité jusqu'au Tabernacle.
» Il a ensuite signifié à tous les Colléges,
» que dans trois jours, sous peine d'excom-
» munication , on eût à lui remettre les
» clefs de tous les magasins de marchandises
» & effets des Indes, les Livres de compte
» & de correspondance, les Livres de caisse
» & Lettres de change, un état de toutes les
» rentes, biens fonds, terres, cens, béné-
» fices réunis à leurs Colléges, redevances,
» & de toutes sortes de revenus. Il a nom-
» mé des Subdélegués pour le même effet
» dans l'Amérique & les Indes. Ensuite il
» a fait imprimer & publier ladite Bulle en
» Latin & en Portugais, pour la réforma-

» tion de l'Ordre. Ainſi eſt devenue publi-
» que toute cette grande affaire. Dans le
» même tems le Cardinal Patriarche & Ar
» chevêque, Dom Joſeph - Manuel Atha-
» laïa, frere du Comte Athalaïa, a donné
» ſa Lettre Paſtorale, ôtant aux Peres Jé-
» ſuites les pouvoirs de confeſſer & de prê-
» cher. Ils ne peuvent plus que dire la
» Meſſe : il leur a été défendu de faire uſage
» de leur Apoticairerie pour vendre des
» médicamens au public. On leur a interdit
» les Ecoles, & on a tranſporté les Eco-
» liers de leurs Colléges à celui des Peres
» Dominicains. Il leur eſt auſſi défendu de
» viſiter les priſonniers dans les Priſons,
» & les Peres Trinitaires ſont chargés du
» ſoin d'aſſiſter les criminels au ſupplice.

DILECTO Filio Noſtro Franciſco S. Rom. Eccl. Diacono Card. DE SALDANHA nuncupato.

BENEDICTUS PP. XIV.

DILECTE Fili noſter, ſalutem & Apoſtolicam benedictionem.

IN ſpeculâ ſupremæ Dignitatis Divinâ diſpoſitione, meritis licèt inſufficientibus, conſtituti, inter multiplices rerum negotiorumque quibus in hac noſtrâ ingraveſcente ætate & parùm firmâ valetudine obruimur curas, ad ea etiam, ex debito Paſtoralis officii Nobis commiſſi, ſollicitè advigilare debemus, per quæ Religioſa loca illorumque perſonæ divinis mancipatæ obſequiis, in pacis & quietis tranquillitate ac Regularis vitæ & Eccleſiaſticæ diſciplinæ normâ, coadjuvante Domino, perenniter conſervari valeant, & quæ his contraria eſſe noſcuntur, per Noſtræ providentiæ autoritatiſque Apoſtolicæ ſtudium penitus evellantur, prout perſonarum, rerum & locorum qualitate penſatâ, conſpicimus in Domino ſalubriter expedire.

À Notre très-cher Fils, FRANÇOIS DE SALDANHA, Cardinal Diacre de la Sainte Eglise Romaine,

BENOIST XIV, PAPE.

Notre très-cher Fils, Salut & Bénédiction Apostolique.

PLACÉS par la Providence divine au faîte de la suprème Dignité, malgré notre insuffisance; au milieu des affaires innombrables dont nous sommes accablés dans un âge fort avancé & avec une santé très-foible, le devoir de la Charge Pastorale qui nous a été confiée, exige que nous nous occupions aussi des moyens propres à maintenir perpétuellement, avec le secours de Dieu, les Maisons Religieuses & les personnes qui s'y sont consacrées au service du Seigneur, dans la paix & la tranquillité, dans l'observance de la vie réguliere & de la Discipline Ecclésiastique; en réformant par notre vigilance & notre autorité Apostolique tout ce que nous reconnoîtrons y mettre quelqu'obstacle, de la maniere qui nous paroîtra la plus convenable selon Dieu, eu égard à la qualité des lieux, des choses & des personnes.

A iv

Cùm, sicut pro parte chariffimi in Chrifto Filii noftri JOSEPHI, Portugalliæ & Algarbiorum Regis Fideliffimi, Nobis expofitum fuit, haud levia fuborta fint inconvenientia & abufus in Provinciâ, feu Provinciis Clericorum regularium Societatis Jefu, tum Portugalliæ & Algarbiorum, tum Indiarum Orientalium & Occidentalium exiftentibus, dominio ejufdem JOSEPHI Regis fubjectis, de quibus omnes ferè Nationes Regionefque certiores factas effe exiftimatur, propter parvum volumen typis impreffum, & tum Nobis, tum venerabilibus Fratribus noftris Sanctæ Romanæ Ecclefiæ Cardinalibus diftributum : Ac propterea ipfe JOSEPHUS Rex fummoperè cupiat, ut fcandala quæ ex præmiffis deinceps oriri poffunt, quàm celerimè removeri de benignitate providentiâque Apoftolicâ dignaremur. Nos qui Societatem præfatam paternis complectimur affectibus, nil aliud proprium ac decens in hoc rerum ftatu effe ducimus quàm, juxta laudabile Romanorum Pontificum Prædecefforum noftrorum inftitutum & confuetudinem, unun ex Sanctæ Romanæ Ecclefiæ præfatæ Cardinalibus deputare & nominare, qui primùm de omnibus & fingulis hujufmod negotiis accuratè expenfis pleniffimè inftructus, eadem ad Nos deinde refera

C'est pourquoi, notre très-cher Fils en Jesus-Christ, le Roi très-Fidéle, Joseph Roi de Portugal & des Algarves, nous ayant fait expofer qu'il s'étoit élevé des defordres & des abus très-confidérables dans les Provinces des Clers Réguliers de la Compagnie de Jefus, établies dans le Portugal & dans les parties des Indes Orientales & Occidentales foumifes à fa domination ; que la connoiffance de ces abus s'étoit répandue dans prefque toutes les Nations & toutes les contrées de l'Univers, par un petit volume imprimé, qui nous a même été préfenté, ainfi qu'à nos vénérables Freres les Cardinaux de la Sainte Eglife Romaine ; qu'il défire ardemment que par un effet de notre bonté & de notre fageffe Apoftolique, nous voulions bien prévenir inceffamment les fcandales qui dans la fuite pourroient naître de ces abus ; Pénétrés d'ailleurs d'une affection vraiment paternelle pour cetteCompagnie : Nous ne voyons rien de mieux à faire dans ces circonftances, que de nommer & députer, conformément à l'inftitution & à l'ufage des Souverains Pontifes nos prédéceffeurs, un des Cardinaux de la Sainte Eglife Romaine, pour s'inftruire d'abord lui-même à fond de toutes & chacune de ces affaires, & nous en rendre enfuite un compte exaɛt, afin qu'après un mûr examen nous puiffions ftatuer ce que nous jugerons être le plus convenable & le plus efficace pour remédier à ces maux.

A ij

aperiatque , ut postea maturâ considera-
tione adhibitâ, quidquid statuendum sit,
opportunè & saluberrimè decernamus.

Motu itaque proprio, ac ex certâ scien-
tiâ, & maturâ deliberatione, Nostrae de-
que Apostolicae potestatis plenitudine, Cir-
cumspectionem Tuam, de cujus singulari
fide, prudentiâ, integritate, dexteritate,
vigilantiâ, & Religionis zelo plurimùm in
Domino confidimus, in Visitatorem Apo-
stolicum, ac Reformatorem Clericorum
Regularium Societatis Jesu in Regnis, ditionibus, & Provinciis etiam Indiarum
memorato JOSEPHO Regi subjectis exis-
tentium, tenore praesentium constituimus
& deputamus, ac Circumspectioni tuae,
ut cum assistentiâ unius, seu plurium
personarum in Ecclesiasticâ Dignitate
constitutarum, si Seculares fuerint, seu
Regularium cujusvis Ordinis seu Insti-
tuti à Sede Apostolicâ approbati, a Te,
ad hujusmodi effectum, pro tuo arbitrio
eligendae & assumendae, seu eligenda-
rum & assumendarum, probatae vitae, &
circa statuta & mores Regulares versata-
rum, Provinciam, seu Provincias Societatis Jesu praefatae in Regnis, dominio,
ditionibus, & Provinciis etiam Indiarum
praefatarum eidem JOSEPHO Regi, ut praefertur , subjectis existentes , illiusque ,

A ces caufes, de notre propre mouvement
& certaine fcience, après une mûre délibéra-
tion, de la plénitude de notre puiffance Apofto-
ique, ayant, dans le Seigneur, une pleine con-
fiance en votre difcrette perfonne, dont la fidé-
ité, la prudence, l'intégrité, l'habileté, la vigilance & le zèle pour la Religion nous font con-
nus, Nous vous établiffons par ces préfentes &
vous conftituons Vifiteur Apoftolique & Réformateur des Clers Réguliers de la Compagnie de
Jefus dans les Royaume, Etats & Provinces,
même des Indes, qui font fous la domination du
Roi très-Fidéle : Vous donnons commiffion de
faire une fois la vifite des Provinces defdits
Clercs Réguliers fituées dans les Royaume &
Domaines dudit Roi Jofeph, étant affifté d'une
ou de plufieurs perfonnes d'une probité recon-
nue, verfées dans la connoiffance des régles &
ufages des Religieux, que vous prendrez à votre choix, ou parmi les Prêtres féculiers, pour-
vû qu'ils foient revêtus de quelque Dignité ec-
cléfiaftique, ou dans quelqu'Ordre ou Inftitut
approuvé par le Saint Siége ; Vous autorifons à
réformer tout ce qui vous paroitra en avoir be-
foin dans leurs Maifons Profeffes, Noviciats,
Eglifes, Colléges, Hofpices & Miffions, &
dans tous autres lieux, de quelque nom qu'ils
puiffent être appellés, dépendans de ladite Société & lui appartenans, nonobftant toute
exemption, tout Privilége & Indult ; & à éten-
dre cette réforme fur les perfonnes mêmes, tant
fur le Chef que fur les Membres, c'eft-à-dire, fur
leurs Supérieurs, Recteurs, Adminiftrateurs,

seu illarum Domos professas, seu Novitiatui destinatas, Ecclesias, seu Collegia quæcumque, Hospitia, & Missiones, aliaque loca quocumque nomine nuncupata, a Societate præfatâ dependentia, & ad illam spectantia & pertinentia, etiam exempta, & quocumque privilegio ac indulto suffulta, nec non illorum Superiores, Rectores, Administratores, Clericos Regulares, cæterasque personas quascumque, cujuscumque dignitatis, superioritatis, status, gradûs, & conditionis existentes, tam in capite quàm in membris, auctoritate Nostrâ semel visites & reformes, ac in earundem personarum statum, vitam, mores, ritus, disciplinam, aliamque vivendi rationem, tam conjunctim quàm divisim diligenter inquiras ; nec non Evangelicæ & Apostolicæ doctrinæ, sacrorumque Canonum, & generalium Conciliorum Decretis, & Sanctorum Patrum traditionibus, atque Regulari dictæ Societatis Instituto, & Apostolicis Constitutionibus, præsertim Brevi fel. mem. Urbani PP. VIII. Prædecessoris nostri die XXII Februari MDCXXXIII. incipienti : *Ex debito Pastoralis Officii*, &c. & a Nobis per quasdam nostras in simili formâ Brevis die XX Decembris anni MDCCXLI expeditas litteras, quarum initium est : *Immensa Pastorum*

sur les Clercs Réguliers & tous autres , de quelque dignité , supériorité , état , grade & condition qu'ils soient : Voulons que vous fassiez les informations les plus exactes sur ce qui les regarde tous en général & chacun d'eux en particulier , sur leur état , vie , mœurs , usages , discipline , & sur toute leur conduite ; que vous rameniez tout à la Doctrine évangélique & apostolique , aux saints Canons & aux Decrets des Conciles généraux , à la Tradition des Saints Peres , à l'Institut de ladite Société , aux Constitutions Apostoliques , & notamment au Bref *Ex debito Pastoralis Officii* d'Urbain VIII , notre Prédécesseur , en date du 22 Février 1633 , & aux Lettres en forme de Bref données par Nous le 20 Décembre 1741 , qui commencent par ces mots : *Immensa Pastorum Principis* ; que , selon l'esprit de sagesse que vous avez reçu du Seigneur , vous corrigiez , réformiez , renouvelliez , révoquiez tout ce que , selon les conjonctures , la qualité des choses , & la nécessité actuelle , vous connoîtrez demander quelque changement , correction , réforme , rénouvellement ou révocation ; que vous fassiez même , s'il en est besoin , de nouveaux Réglemens , & confirmiez ceux que vous trouverez établis , qui ne seront pas contraires aux saints Canons & aux Decrets du Concile de Trente ; que vous supprimiez tous abus ; que vous rétablissiez & remettiez en vigueur par les moyens convenables & conformément à l'Institut de ladite Société , les régles & Réglemens , la Discipline ecclésiastique & réguliere , & sur-tout le culte divin , l'obéissance dûe à notre Saint Siége , & l'exécution des susdites Constitutions Apostoliques , s'il paroissoit qu'on s'en fût écarté : Vous donnons tout pou-

Principis &c. editis inhærendo, & prout occasio rerumque qualitas & necessitas exegerit, quâcumque mutatione, correctione, emendatione, renovatione, revocatione, ac etiam ex integro editione indigere cognoveris, juxta datam Tibi a Domino prudentiam corrigas, emendes, renoves, revoces ac etiam de novo condas, condita sacris Canonibus, & Concilii Tridentini Decretis non repugnantia confirmes, abusus quoscumque tollas, regulas, institutiones, & Ecclesiasticam Regularemque disciplinam, ac inprimis Divinum Cultum, & obedientiam huic Sanctæ Sedi, & observantiam memoratarum Constitutionum Apostolicarum, si fortasse exciderint, juxta præscriptum dictæ Societatis Institutum modis congruis restituas & reintegres; si aliquos in aliquo delinquentes repereris, eos juxta Canonicas sanctiones punias & castiges, ipsasque personas etiam, ut præfertur, exemptas, ad debitum & honestum vitæ modum, ac ad statum sacris Canonibus & Concilio Tridentino præfatis conformem revoces, ac quidquid statueris & ordinaveris, absque dilatione & appellatione quæ execu-tionem quoquomodo ullatenus impediat, no omniobservari facias; quoscumque Doorimm & Collegiorum hujusmodi Rec-

oir de punir & châtier les délinquans, si vous
n trouvez, selon les Loix canoniques ; de ra-
mener les personnes, même soi-disant exemptes,
à une forme de vie telle que l'exige le devoir &
la bienséance, & à un état conforme à ce que
prescrivent les saints Canons & le Concile de
Trente ; de faire observer ponctuellement &
sans délai tout ce que vous aurez statué & ordonné, sans qu'aucun appel puisse en suspendre
l'exécution ; de déposer les Recteurs & autres
Supérieurs des Colléges & des autres Maisons,
que votre prudence & le bien de la chose vous
feront juger devoir être déplacés, & de les envoyer, ainsi que tous autres Clercs Réguliers de
la même Société, d'une Maison ou d'un Collége
à un autre ; enfin de contraindre & réduire les
désobéissans & les rébelles, par Sentences, Cen-
sures & peines ecclésiastiques, suspense *à Divinis*, & toutes autres voyes convenables de
droit & de fait.

tores, aliofque Miniftros, quos, juxta datam tibi a Domino prudentiam, Tibi ex-
pediens videbitur, & ab eorum refpectivè
officiis amovendos effe judicaveris, amo-
veas, ac illos fic amotos, aliofque Clericos Regulares dictæ Societatis de unâ ad
aliam domum, feu de uno ad aliud Colle-
gium tranfmittas; inobedientes & rebelles per fententias, cenfuras, & poenas
Ecclefiafticas, fufpenfionem à Divinis, aliaque opportuna juris & facti remedia co-
gas & compellas.

Nos enim Tibi, præmiffa & quæcum-
cumque alia circa vifitationem & refor-
mationem aliaque fupra expreffa, hujufmodi neceffaria & quomodolibet opportuna faciendi, gerendi & exequendi, auctoritate præfatâ, plenam, liberam, & am-
plam facultatem & auctoritatem conce-
dimus & impertimur; & fi contingat Te
aliquâ legitimâ de caufâ detineri, ut vifitationem præfatam per te ipfum extra Civi-
tatem Lisbonenfem minime facere valeas,
alias Ecclefiafticas perfonas Tibi benevi-
fas, cum fimili vel limitandâ poteftate, in
Tui locum ad vifitationem & reforma-
tionem habendam, etiam in Indiarum Provinciis præfatis, deputandi facultatem pa-
riter tribuimus,

Si quæ autem graviora in hujufmodi vi-

Car en vertu de notredite autorité Apoſtoli-
que , nous vous accordons & donnons plein
pouvoir , libre & ample faculté de faire & d'exécuter tous les actes ci-deſſus exprimés , & tous
autres qui vous paroîtront néceſſaires ou convenables pour réuſſir dans la viſite & réforme
dont il s'agit. Et s'il arrivoit que par quelque
cauſe légitime vous fuſſiez empêché de faire par
vous-même ladite Viſite hors de la ville de Liſ-
bonne , nous vous permettons de commettre
telles perſonnes Eccléſiaſtiques qu'il vous plaira ,
pour faire à votre place ladite Viſite & Réforme , même dans les Provinces des Indes , avec
un pouvoir égal au vôtre ou par vous limité.

Que ſi dans cette Viſite vous trouvez des af-

sitatione repereris, ea omnia sub tuo sigillo clausa ad Nos quàm primùm diligente transmittas, ac Nobis referas & patefacias quaecumque ad hanc causam pertinere arbitraveris: ex re enim & tempore consilium capiemus, & effusis lacrymis Omnipotentem Deum clamore valido orabimus atque obsecrabimus, ut quod inde statuendum sit, maturâ deliberatione decernamus.

Mandantes propterea omnibus & singulis Superioribus, Ministris, Clericis Regularibus, aliisque personis Provinciae, seu Provinciarum, Domorum, Collegiorum, aliorumque locorum Societatis Jesu praedictis, in praefatis Regnis, Ditionibus, & Provinciis etiam Indiarum ipsi JOSEPHO Regi subjectis, sicut praemittitur, existentibus, sub excommunicationis latae sententiae, Nobis & Romanis Pontificibus successoribus nostris reservatae, praeterquam in mortis articulo, ac suspensionis a Divinis, & privationis suorum Officiorum, aliisque arbitrio nostro infligendis poenis ipso facto incurrendis, ut Tibi, ac personae, seu personis per Te, ut praefertur, deputandae, seu deputandis, in praemissis omnibus & singulis promptè pareant & obediant, Tuaque, & illius, seu illorum salubria monita & mandata humiliter sus-

ires trop graves & trop importantes, vous au-
ez soin de nous en référer, & de nous envoyer
a plutôt dans un paquet scellé de votre sceau,
outes les piéces nécessaires pour nous en ins-
uire à fond. De notre côté nous les exami-
erons suivant la nature des choses & les cir-
onstances des tems, nous présenterons au Tout-
uissant nos larmes, nos cris & nos priéres,
in d'obtenir que nous jugions avec maturité
e ce qu'il faudra statuer.

Nous ordonnons en conséquence à tous &
hacun des Supérieurs, Officiers, Clercs Ré-
uliers, & autres personnes des Provinces, Mai-
ns, Colléges & autres lieux de ladite Société,
ués dans les Royaume, terres & Provinces
ême des Indes, de la domination du Roi Très-
idéle, & ce sous peine d'excommunication
iæ Sententiæ, réservée à Nous & aux Souve-
ins Pontifes nos successeurs, excepté l'article
e la mort, sous peines de suspense *à Divinis*,
e privation de tous Offices, & autres peines à
tre choix, qui seront encourues par le seul
it, de rendre prompte obéissance & soumis-
n à vous & aux personnes qui auront été par
us députées pour toutes les choses ci-dessus
xprimées; de recevoir humblement les aver-
ssemens & les ordonnances salutaires qui éma-
ront de vous ou de vos Députés, & de pren-
e des moyens efficaces pour les faire exécuter:
ns quoi, nous ratifierons la Sentence ou la
ine que vous aurez juridiquement portée ou
rononcée contre les Réfractaires, & avec l'aide

cipiant, & efficaciter adimplere procu-
rent; alioquin sententiam, sive pænam
quam rite tuleris seu statueris in rebelles
ratam habebimus, & faciemus, author
Domino, usque ad satisfactionem condig-
nam inviolabiliter observari.

Decernentes præsentes litteras firmas
validas & efficaces existere & fore, suof-
que plenarios & integros effectus sortir
& obtinere, Tibique, & personæ seu personis nominandæ seu nominandis plenissi-
mè suffragari, & ab illis ad quos spectat,
& spectabit in futurum inviolabiliter observari; sicque in præmissis per quoscumque Judices ordinarios & delegatos,
etiam Causarum Palatii Apostolici Audi-
tores, ac Sedis Apostolicæ Nuntios, sublatâ
eis & eorum cuilibet quâvis aliter judi-
candi & interpretandi facultate & auctoritate, judicari & definiri debere, ac
irritum & inane, si secus super his à quo-
quam quâvis auctoritate scienter vel igno-
ranter contigerit attentari. Non obstan-
tibus quibusvis Apostolicis, ac in Univer-
salibus Provincialibusque & Synodali-
bus Conciliis, generalibus vel specialibus
Constitutionibus & Ordinationibus, ac
Societatis præfatæ, illiusque Domorum,
Collegiorum, & aliorum locorum regularium, etiam juramento, confirmatione

Seigneur, nous la ferons exécuter inviola-
nent jufqu'à pleine & entiere fatisfaction.

Jous voulons que nos préfentes Lettres
nt & demeurent fermes, valides & efficaces,
:lles fortifient tout leur effet, qu'elles vous
brifent pleinement pour cela, ainfi que les
onnes que vous commettrez, & qu'elles
nt inviolablement obfervées par ceux qu'il
artient & qu'il appartiendra dans la fuite:
oignons à tous Juges ordinaires & délegués,
ne aux Auditeurs du Palais Apoftolique &
Nonces du Saint Siége, de juger & définir
formément à la teneur de ces Lettres; leur
it toute faculté & autorité de juger & inter-
er autrement; déclarant nul & de nul effet
ce qu'ils entreprendroient de faire à ce con-
e, avec connoiflance de caufe ou par igno-
e: Défendons d'avoir égard à toutes difpo-
ns générales ou particulieres qui paroîtroient
pofer aux préfentes, foit des Conftitutions
ftoliques, foit des Ordonnances des Con-
s Généraux, Provinciaux & Synodaux, foit
Statuts de ladité Société, de fes Maifons,
léges & autres lieux Réguliers, de ceux
ne qui feroient munis de la religion du fer-
it, confirmés par l'autorité Apoftolique, ou
toute autre maniere; foit des Ufages, Pri-
ges, Indults, Lettres Apoftoliques ci-devant
ordés, confirmés & renouvellés, en faveur
Supérieurs ou des autres perfonnes de ladite
iété, en quelque teneur & forme que ce

Apoſtolicâ, vel quâvis firmitate aliâ ro
boratis Statutis & conſuetudinibus, priv
legiis quoque, indultis, & litteris Apoſto
licis, eorumque Superioribus prædicti
& aliis perſonis præfatis, ſub quibuſcum
que tenoribus & formis, ac cum quibuſ
vis, etiam derogatoriarum derogatoriis
aliiſque efficacioribus efficaciſſimis, & in
ſolitis clauſulis, irritantibuſque, & alii
Decretis in genere vel in ſpecie, etian
motu proprio, vel conſiſtorialiter, & aliâ
in contrarium præmiſſorum quomodolibe
conceſſis, confirmatis, & innovatis. Qui
bus omnibus & ſingulis, etiamſi pro ſuffi
cienti illorum derogatione de illis eo
rumque totis tenoribus ſpecialis, ſpecifi
ca, expreſſa & individua, ac de verbo
ad verbum, non autem per clauſulas ge
nerales idem importantes, mentio ſeu quæ
vis alia expreſſio habenda, aut aliqua alia
exquiſita forma ad hoc ſervanda foret
tenores hujuſmodi, ac ſi de verbo ad ver
bum, nihil penitus omiſſo, & formâ in illis
traditâ obſervatâ, exprimerentur & inſe-
rerentur, præſentibus pro plenè & ſuffi
cienter expreſſis, ac de verbo ad verbum
inſertis habentes, illis aliàs in ſuo robore
permanſuris, ad præmiſſorum effectum, hâc
vice dumtaxat, ſpecialiter & expreſſè de-
rogamus, cæteriſque contrariis quibuſcum-
que.

iſſe être , y eût-il des clauſes dérogatoires
ſ dérogatoires , plus efficaces que le très-effi-
ces , inſolites & irritantes ; ſoit enfin de tous
tres Decrets généraux & particuliers , de
ux même qui ſeroient donnés du *propre mou-*
ment , ou émanés du Conſiſtoire. Et quand
en même tous ces Actes ſeroient tels , que
ur y déroger il ſeroit néceſſaire de faire d'eux
 de toute leur teneur une mention ſpéciale ,
écifique , expreſſe , individuelle , & de mot à
ot , & non pas ſimplement par des clauſes gé-
rales qui l'annonceroient ; ou bien qu'il ſeroit
ſoin de quelqu'autre maniere de s'exprimer ,
 de quelque formalité ſinguliere : Nous re-
rdons la teneur deſdits Actes comme auſſi ſuffi-
mment exprimée par ces Préſentes , que ſi elle
 étoit inſerée de mot à mot , & que la for-
alité qui y eſt preſcrite étoit exactement
ſervée , & nous dérogeons ſpécialement &
xpreſſément auxdits Actes , & à tous autres
ntraires aux préſentes , pour cette fois ſeu-
ment , & en ce qui pourroit empêcher l'exé-
tion de ce que nous venons d'ordonner , les
iſſant d'ailleurs dans toute leur force & vi-
ueur.

Donné à Rome , à Sainte Marie Majeure,
us l'anneau du Pêcheur , le premier Avril
. DCC. LVIII , le dix-huitiéme de notre Pon-
ficat.

Pour M. le Cardinal Paſſionei ,
JEAN FLORIUS , Subſtitut.

Datum Romæ apud Sanctam Maria
Majorem sub annulo Piscatoris die prin
Aprilis M. DCC. LVIII. Pontificatus Nost
Anno decimo octavo.

Pro D. Card. Passioneo
Joannes Florius substitutus.